NOTICE

SUR

LE PROFESSEUR LASÈGUE

Par le Dr Victor HANOT,

Agrégé de la Faculté, médecin des hôpitaux.

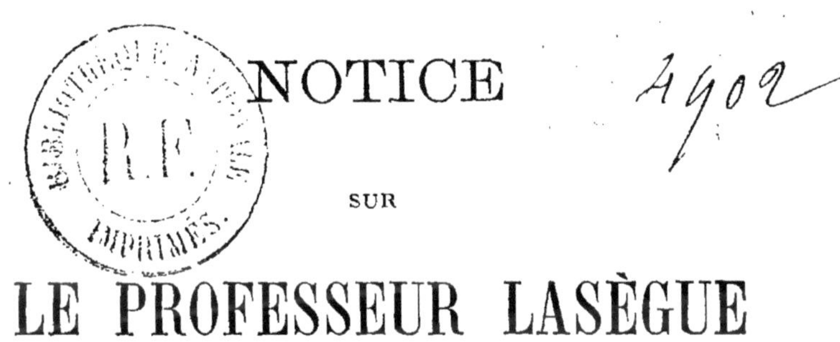

NOTICE

SUR

LE PROFESSEUR LASÈGUE

Par le Dr Victor HANOT,

Agrégé de la Faculté, médecin des hôpitaux.

NOTICE

SUR

LE PROFESSEUR LASÈGUE

Je ne voudrais et ne devrais parler ici que de l'écrivain et du professeur ; des collègues, des amis plus autorisés et plus éloquents que moi ont déjà dit les exquises qualités du cœur qui avaient comblé la vie de M. Lasègue de tant et de si vives affections. Mais je sens ce qu'il y aurait d'artificiel, d'injuste même, à tenter de disjoindre ainsi les dons multiples et divers qui s'étaient harmonisés en mon vénéré maître d'une façon si puissante et si originale; aussi me sera-t-il difficile de me confiner dans la seule analyse de l'œuvre scientifique.

On pourrait appliquer au professeur Lasègue ce qu'il avait écrit lui-même de son collaborateur et ami Follin : « Sa vie, calme à l'égal de celles de tous les hommes qui dévoués à la science suivent résolument leur chemin, ne se raconte pas. » D'ailleurs, les biographies à la manière de Plutarque sont peu goûtées maintenant, bien que cet art transformé revête, chez quelques auteurs contemporains, des allures plus graves, et y affirme de plus hautes prétentions. Que les talents les plus personnels conservent l'empreinte des premières cultures, que parfois le génie lui-même soit asservi pour une part dans sa genèse à des influences vulgaires et banales, la raison n'y saurait contredire. Mais pourquoi exagérer le poids de ces conditions secondaires et leur faire jouer un rôle exclusif?

Je me garderai donc de m'appesantir sur les succès littéraires de M. Lasègue, sur ces quelques années consacrées à l'enseignement de la rhétorique et de la philosophie. J'estime qu'on ne saurait expliquer, non plus qu'acquérir, par là les aptitudes exceptionnelles que les moins louangeurs admiraient chez le professeur de la Faculté de Paris. Et quel médecin hésiterait à suivre cette voie détournée, si elle devait lui assurer une telle supériorité et de tels succès dans sa carrière? Pour combien, au contraire, un tel stage, une telle discipline préalables, seraient stériles, nuisibles même !

Et puis, il serait nécessaire de faire intervenir aussi d'autres fréquentations intimes, d'autres suggestions intellectuelles qui eussent laissé une empreinte non moins profonde, si, justement, les fortes individualités ne se caractérisaient pas surtout par cette spontanéité, cette indépendance, à la fois si évidentes et si difficilement explicables. On rappellerait que le père de M. Lasègue fut un savant apprécié par de Candolle, que le jeune docteur dédia sa thèse inaugurale à Benjamin Delessert « comme un hommage rendu à celui de qui les sciences naturelles ont reçu tant de nobles encouragements », et on s'empresserait d'expliquer ainsi pourquoi il avait abandonné un jour une profession où les débuts avaient été si favorables, pour se consacrer enfin à l'une des branches de la biologie.

Mais encore une fois, la recherche de la paternité du talent est beaucoup plus complexe que ne semblent le supposer certains esprits, et rien ne reste aussi mystérieux que la vocation. J'en trouve une preuve de plus dans une circonstance qui aurait dû, selon la théorie, dominer toute la vie médicale de M. Lasègue. Encore professeur de rhétorique, il s'était lié d'une affection qui ne se démentit jamais avec Claude Bernard, alors simple débutant physiologiste, qui abandonnait la médecine pratique, tandis que son ami allait y entrer pour toujours, et malgré tout ; il devint le confident de chaque jour, à la période des meilleurs efforts et des premières victoires, pour le préparateur encore presque inconnu, mais qui portait en lui le génie de la médecine expérimentale. Plus tard même, ils s'associèrent tous deux pour faire un cours privé de physiologie : on avait loué rue Saint-Jacques un rez-de-chaussée, où Claude Bernard était chargé des vivisections que Lasègue expliquait et commentait devant les élèves. Mais celui-ci ne put jamais être converti. La collaboration cessa : des relations suivies n'en continuèrent pas moins, souvent animées de controverses très ardentes, mais sans force sur des convictions qui se fixaient de plus en plus.

Certes, l'occasion était propice pour s'imprégner du dogme naissant ou tout au moins pour se laisser aller au courant nouveau ; mais, toute explication systématique à part, la physiologie ne retint pas plus M. Lasègue que la philosophie. Il fut irrésistiblement entraîné dès l'abord, et plus tard encore, en pleine connaissance des autres champs qui commençaient à s'ouvrir à l'activité du médecin, dans toute la maturité de son intelligence, dans toute la liberté de sa détermination, il fut, dis-je, irrésistiblement entraîné vers la médecine traditionnelle de l'observation, individualisée alors chez nous dans deux de ses maîtres, Bretonneau et Trousseau. C'est à cette médecine, qui lui parut supérieure dans son autonomie, ses résultats de bon aloi, sa simplification utilitaire, qu'il voua cette croyance et cette ardeur qui ne devaient jamais être entamées ni amoindries, mais s'augmenter au contraire et se confirmer par les acquisitions ultérieures et le développement successif de son expérience.

M. Lasègue avait reçu de la nature ces deux privilèges si souvent séparés, intimement fondus en lui, servis par une élocution merveilleusement facile et pittoresque ; le bon sens, cette compréhension rapide, directe et profonde des hommes et des choses ; l'esprit, ce pouvoir irrésistible de n'être jamais banal. Il y avait ajouté une érudition solide, la connaissance des diverses langues, un art parfait de style et une habileté prestigieuse à analyser les opérations les plus complexes, à résoudre les problèmes les plus subtils du mécanisme intellectuel.

C'est donc aussi richement pourvu qu'il commençait l'étude

de la médecine et qu'il opta plus tard pour la médecine clinique ou d'observation pure qu'on opposait déjà à la médecine scientifique ou expérimentale, bien que l'antagonisme, tout d'apparence, qui sépara quelque temps les deux méthodes, fût alors beaucoup moins vif qu'il ne le devint plus tard. Sans doute, il est au moins superflu aujourd'hui de déclarer qu'il n'y a qu'une médecine, mais que la médecine, comme toutes les synthèses scientifiques et en tant que la plus complexe de ces synthèses, ne se constitue et ne se rapproche de la vérité absolue que par une série de rénovations que seules la passion et l'ignorance considèrent comme divergentes et contradictoires, comme si la chrysalide était l'ennemi de la larve et un obstacle à son épanouissement ultime.

Jusqu'à la grande révolution commencée par Magendie, Claude Bernard, Virchow, pour ne citer que les plus célèbres, la médecine se renfermait dans l'étude des actes morbides spontanés et ne puisait ses moyens d'action que dans l'empirisme : la révolution physiologo-pathologique lui ouvrait les champs féconds jusque-là inexplorés des lésions élémentaires, des actes morbides provoqués à volonté suivant les desiderata du problème à résoudre et comme contrôle suprême des faits acceptés, des études thérapeutiques affranchies des hasards de la clinique et soumises à la constance et à la fixité des expériences de laboratoire.

Qui nierait la grandeur et les bienfaits de ce mouvement ?

On pourrait s'étonner tout d'abord que M. Lasègue, doué comme il l'était et placé comme il le fut par les circonstances, n'accueillît l'ère nouvelle qu'avec scepticisme et ne lui accordât plus tard que sa neutralité, pour ne pas dire son indifférence. Ce parti-pris, qu'il paraît difficile de faire concorder avec la perspicacité et l'indépendance de son esprit, trouve cependant son explication dans une de ses plus nobles qualités. Tous ceux qui ont écrit sur lui depuis deux mois, et je n'en excepte pas le seul qui se soit efforcé de le juger ou ait cru le juger à froid, tous se sont accordés pour rappeler et saluer une dernière fois la délicatesse absolue, inaccessible à la moindre faiblesse et à la moindre compromission, de sa conscience d'écrivain et de professeur. Le critique auquel je viens de faire allusion n'hésite pas lui-même à déclarer que c'est grâce à cette conscience si scrupuleuse que l'élève de Trousseau, avec le même charme de la parole et la même chaleur d'imagination, n'exerça pas sur sa génération l'influence pernicieuse que son maître aurait exercée sur la sienne (!). Sans m'arrêter à cette façon de juger Trousseau et de condamner chez le médecin les facultés les plus brillantes de l'esprit, je ferai remarquer qu'un écrivain qui apprécie de telle sorte l'auteur des *Cliniques de l'Hôtel-Dieu*, ne pouvait être un enthousiaste de M. Lasègue, et l'hommage qu'il lui a rendu, très loyalement d'ailleurs, prouve mieux que ne l'eût fait toute autre attestation, ce que fut cette honnêteté proclamée dans une enquête aussi sévère.

Il est bien vrai que les ressources inépuisables de son talent d'exposition lui servaient plus à mettre à nu et en plein lumière ses hésitations et ses doutes, quand il n'avait pas la certitude, qu'à travestir, dans de captieuses fantasmagories, les notions incertaines en vérités définitives. Il répugnait aux formules étroites, aux jugements dogmatiques ; il déclarait que l'escamotage des difficultés est souvent il est vrai un procédé d'étude et d'exposition plus magistral et plus séduisant, mais qu'il manque de cette sincérité à laquelle il ne permettait aucune capitulation, sous aucun prétexte ; que surtout il prépare aux convictions trop facilement suggérées les plus durs désenchantements, supprime le contrôle intime et éteint le goût de la recherche personnelle où est cependant le germe de tout succès durable et de toute vraie supériorité. Aussi, il était manifeste qu'il s'efforçait même dans l'entraînement de ses conceptions les plus ardentes d'estomper ce qu'il craignait d'écrire ou de dire trop net : il se faisait une règle de retracer méticuleusement (et avec quelle finesse de touche) les irrégularités, les anomalies, les exceptions, toutes ces formes indécises qui fourmillent encore dans le demi-jour de la clinique.

La première fois que j'entendis M. Lasègue, c'était au grand Amphithéâtre, dans une de ses conférences restées célèbres : la physionomie était calme, la tenue assurée, le geste simple et la voix naturelle ; cependant l'œil restait presque constamment à demi-clos, comme si l'orateur, sentant plus vivement que jamais, dans les circonstances solennelles, le danger du schéma et de la codification en médecine, reportait obstinément sa pensée avec son regard vers l'indéterminé et l'inconnu. Je l'ai souvent retrouvé dans cette attitude.

Il est donc permis de s'expliquer jusqu'à un certain point pourquoi M. Lasègue se tint sur la défensive devant les premiers résultats des méthodes nouvelles, auxquels des néophytes trop empressés, prenant les prémisses pour des conclusions et escomptant l'avenir, attribuaient souvent une portée et une précision qui ne résistaient pas à des investigations moins passionnées. Il n'y voyait pas toujours un profit direct dans le présent et pouvait leur reprocher quelquefois l'oubli ou l'indifférence pour les résultats acquis, pour l'œuvre des anciens maîtres résumée dans ses applications les plus certaines et les plus immédiates. Son scepticisme à l'endroit des nouveautés résultait donc surtout de la comparaison établie, sur le terrain pratique, entre le *statu quo* et la zone mouvante d'hypothèses et d'expériences incessamment modifiées qui, en médecine, précède tout progrès qui va s'accomplir. Par là justement, ce scepticisme n'était pas immuable ; il se déplaçait lui-même, avançait aussi, en quelque sorte, au fur et à mesure que le domaine classique s'enrichissait de découvertes confirmées par les expériences journalières de la clinique ; par contre, son hostilité restait entière pour toute spéculation qui lui semblait sans application utile.

Je veux bien croire que cette conduite de M. Lasègue lui fut inspirée en partie par la secrète et profonde satisfaction de trouver ses meilleures ressources dans les seules aptitudes qui caractérisaient son intelligence d'élite, de se dégager sans déficit notable de ce qu'on appelle encore les accessoires de la médecine et de prouver ainsi la prééminence de l'observation directe sur toutes les autres instrumentations. Mais encore une fois, c'était surtout là une obligation de cette conscience dont je viens de parler, la conséquence nécessaire de cette conviction que la médecine ainsi comprise est celle qu'il faut avant tout enseigner par la plume et la parole à la majorité des élèves qui n'ont pas à s'attarder aux études d'avant-garde, que c'est la seule instruction qui fera d'eux de véritables médecins.

Quoi qu'il en soit, d'ailleurs, cette réserve ne saurait être un instant attribuée à la connaissance insuffisante de la grande transformation que subissait notre science et des travaux qui la légitimaient. A ceux qui songeraient à interpréter ainsi cette froideur et cette résistance dans un esprit si bien approprié cependant aux conceptions générales et synthétiques, il suffirait de rappeler que l'ami de Claude Bernard fut avant 1870 en relations suivies avec Griesinger et Virchow, qu'il fit de ces *Archives* le premier organe international de médecine, dans notre pays, où, pendant plus de vingt années, grâce à sa connaissance parfaite de l'anglais et de l'allemand et à l'habileté et à la finesse de sa critique, il initia les générations aux travaux de l'étranger. Je dois rappeler encore qu'il s'empressait de les faire connaître, alors même qu'il en combattait les tendances et les conclusions : il voulait au grand jour toutes les pièces du procès, et n'hésitait pas à compléter au besoin contre lui le dossier de ses adversaires, préférant toujours une vérité qui le contredisait à une erreur adaptée à la pente préférée de son esprit. Oui, s'il est bien vrai qu'il ouvrait difficilement sa conviction, on ne peut dire qu'il la tînt toujours fermée de parti pris, et il était aussi incapable de fanatisme que d'engouement.

Si M. Lasègue s'était imposé comme une première règle de ne rien sacrifier à l'incertain, de ne point laisser se stériliser une seule des richesses acquises et s'émousser dans ses mains la méthode des grands maîtres de la clinique, il considéra comme un autre devoir, non moins haut, non moins sacré, de chercher sans cesse à étendre pour sa part le patrimoine légué par le passé. La liste de ses travaux qu'on trouvera à la fin de cette notice montre quelle a été son œuvre de chercheur, œuvre qu'il dissimula si discrètement en l'éparpillant dans ce recueil où tant de pages de lui, qu'on lira et relira longtemps encore, gardent un anonymat bien insuffisant d'ailleurs. Personne ne saurait s'y tromper ; on ajoutera toujours le nom de Lasègue au-dessous de ces lignes où l'élégance incomparable de son style, la sûreté de son jugement peuvent se passer de signature.

M. Lasègue chercha donc lui aussi et chercha toute sa vie : son dernier mémoire n'a précédé sa mort que de quelques mois. Il chercha et l'observation clinique fut encore son principal instrument de recherche comme elle avait été son agent de contrôle, son point de repère de prédilection quand il voulait arrêter son choix et ses préférences à l'égard des travaux d'autrui. C'est donc toujours la même singularité, la même antinomie d'ailleurs toujours passibles, à mon sens, de la même explication. Le philosophe d'autrefois, si préparé à la synthèse et même aux empiètements de la métaphysique, « avait choisi, dit excellemment le professeur Sée, comme types les maîtres qui, à l'instar de Bright, Graves, Bretonneau, Trousseau, déclarèrent ne rien savoir en dehors des faits ; la méthode qu'ils avaient mise en œuvre sans en déduire les lois constituait les bases d'une logique, plutôt que d'une doctrine médicale. Toutes les œuvres de Lasègue se ressentent de ces règles rigoureuses. « Sans être en effet de ceux qui, en médecine, ne savent et ne veulent savoir surtout que ce que les Anglais appellent *the matter of fact*, sans penser que la maladie, conçue dans son ensemble, fût une collection d'accidents sans lien, sans descendre jusqu'aux états organopathiques, il était avare de systématisations ; il ne les acceptait que si elles s'imposaient en quelque sorte d'elles-mêmes, sans violenter le moindre fait. Ce médecin, qui écrivait avec tant de saveur et d'éclat, qui discutait avec tant de souplesse et tant de lucidité les problèmes les plus abstraits et les plus vastes, n'écrivit qu'un seul livre et sur les angines ; sur un sujet justement où les grandes questions de doctrine n'ont que faire, où tout au moins les occasions sont rares pour les dissertations brillantes et les hardiesses de la pensée. Et c'est à bon escient que le choix a été fait. « Ce livre n'a rien emprunté à ce qu'on est convenu d'appeler de la médecine moderne; fondé sur l'observation des malades, il entre de plain-pied dans la pratique, sans avoir eu à franchir les hauteurs d'une théorie. Aucun homme mêlé de près ou de loin au mouvement scientifique n'a le droit de méconnaître les progrès accomplis de notre temps; mais à côté, sinon au-dessus des méthodes expérimentales, l'observation clinique garde une place qu'on pourra lui contester, qu'on ne lui ravira jamais. Insuffisante dans toutes les maladies qui aboutissent à des productions adventices où qui se terminent fatalement par la mort, l'observation du malade est la seule méthode qui s'applique aux affections curables, destinées à disparaître sans laisser après elles des matériaux d'étude. »

Sans doute la généralisation agrée à l'auteur « il est impossible, dit-il, de méconnaître qu'en isolant les angines pour en faire l'objet d'une étude plutôt exclusive que spéciale, on s'expose à des objections si bien motivées que je tiens à les devancer. Ce n'est pas impunément qu'on se résout à rompre l'unité de la maladie pour n'envisager qu'un de ses éléments. Lorsqu'il s'agit des grandes fièvres éruptives, l'éruption gutturale est rattachée par un lien tellement étroit à l'ensemble des symptômes, que chacun de nous replace presque d'instinct l'énanthème dans le milieu pathologique d'où il a été détaché pour les besoins de l'analyse. »

« Il n'en est plus ainsi, quand l'affection angineuse entretient avec les autres phénomènes dont l'agglomération compose la maladie, une relation douteuse. J'ai cherché de mon mieux à montrer dans quelle mesure les affections de la gorge sont sous la dépendance de divers états morbides qui intéressent toute l'économie. » Mais il aime mieux renoncer à la systématisation qu'en abuser : « j'aurais voulu pouvoir placer chaque angine chronique sous le vocable de la diathèse dont elle relève ; mais je ne me suis senti ni assez éclairé pour instituer ce classement définitif, ni assez osé pour être le précurseur de la science. Il est certain que la nosologie des affections angineuses chroniques ne sera assise sur sa vraie base que le jour où on aura le droit d'ouvrir un chapitre à l'angine chronique, herpétique ou goutteuse au même titre qu'à l'angine morbilleuse ou scarlatine. Nous sommes encore loin d'une si souhaitable précision. »

J'ai dit qu'il n'avait écrit qu'un seul livre et encore se le reprochait-il volontiers et on concevra aisément pourquoi en relisant ce passage du si beau discours du professeur Potain. « Presque au début de sa carrière, il fut, en 1848, chargé par le gouvernement français d'une mission périlleuse et considérable. Le choléra régnait en Russie et, reprenant la route autrefois parcourue, s'élançait des bords de la mer Caspienne pour s'étendre jusqu'à Moscou, à travers d'immenses espaces, que partout il semait de morts innombrables. Lasègue dut suivre l'épidémie pas à pas, observant sa marche et ses allures, prêt à signaler le danger à tout instant menaçant, lui-même exposé sans cesse au fléau qu'il allait surveiller. Enfin, il revint sa mission terminée, et en publia la relation dans les *Archives de médecine*. Certes, il y avait motif à quelque long et intéressant récit tout plein de péripéties émouvantes. Cette relation, messieurs, elle occupe un peu plus de quatre pages des *Archives*. Pas un mot ni de l'auteur, ni des circonstances, ni des dangers du voyage, mais les renseignements les plus précis sur l'épidémie observée, sur son mode de propagation, sur ses caractères. Comme nous voici loin du reporterisme moderne et combien ce tout jeune homme est déjà digne et grave en cette mémorable circonstance! »

La caractéristique du talent de M. Lasègue et de son originalité saisissante se dégageait justement de la variété des aspects qu'il savait revêtir, de ces éléments presque disparates et incompatibles, si on les considère en eux-mêmes, associés dans une même intelligence; cette élocution imagée et correcte; cette verve délicate, cet esprit lucide et primesautier, unis à cette érudition profonde, à ce grand sens critique, à ce jugement droit et ferme; cette allure artistique du savoir, et cette indépendance dans les convictions, liés à cette passion souveraine d'être utile. Je me hâte d'ajouter que cet immense talent, à facettes si multiples, n'avait pas fait de M. Lasègue une personnalité complexe et indécise: c'était, au contraire une individualité intense et d'une telle intensité, que beaucoup ne parvenaient pas à distinguer, entre les points culminants et les lignes principales, toutes les délicatesses, toutes les habiletés, toutes les forces du second plan. Ce qui surtout soudait ainsi entre eux ces éléments constitutifs secondaires, c'était justement ce caractère fait d'honnêteté, de générosité et de bon sens qui leur imprima, même dans les discordances les plus accusées en apparence, une unité de direction, une harmonie parfaites. Ce cachet, si attrayant et si personnel, une analyse sommaire des travaux de M. Lasègue va nous le faire retrouver dans son œuvre, comme nous le retrouverons dans son enseignement, comme l'empreinte en resta gravée dans toute sa vie privée.

Le premier travail de M. Lasègue a trait à la médecine mentale et est intitulé: *Etudes historiques sur l'aliénation mentale;* il parut dans les *Annales médico-psychologiques*, de janvier 1844 à juillet 1845. On pourrait voir là tout d'abord la preuve d'une influence exercée par les premières attaches littéraires et philosophiques; en réalité, ce fut un acte de révolte contre l'intrusion de la psychologie dans la médecine mentale. M. Lasègue y montre que c'est sur les notions fournies par la psychologie que reposent la classification des diverses formes de folie et l'établissement des types; il prouve, en homme doublement renseigné, qu'au lieu de constituer des espèces morbides à évolution définie et formant un tout homogène, on a constitué une symptomatologie où chaque perversion délirante est isolée de ses antécédents et de ses conséquences et qu'ainsi on n'observe plus ni malades ni maladies, mais seulement des sensations ou des conceptions erronées en se perdant forcément dans l'analyse du détail. On le voit, le médecin se servait de sa connaissance de la philosophie pour combattre la philosophie elle-même; il témoignait déjà de la perspicacité de son jugement, de sa haute conception de la clinique en même temps qu'il commençait l'œuvre à laquelle il a consacré une grande part de ses efforts: l'assimilation de la médecine mentale à la médecine proprement dite. L'année suivante, il soutenait sa thèse inaugurale sur *Stahl et sa doctrine médicale*. C'est une étude consacrée à l'un des premiers précurseurs de la grande découverte de la tonicité des vaisseaux capillaires et des circulations locales que Claude Bernard venait de parachever. Plus d'un siècle auparavant, Stahl avait fait reposer la plus grande partie de son système sur ces propriétés physiologiques entrevues par son génie. Il faut voir avec quel art M. Lasègue traduit, résume et explique la physiologie de Stahl et je ne puis me défendre de reproduire ici le passage suivant :

« Stahl a consacré plusieurs de ses écrits à la théorie des mouvements et des congestions partielles; c'est même par leur étude qu'il a débuté dans la science. Les résultats auxquels il est parvenu lui semblaient son premier titre de gloire et méritent par cette seule considération un sérieux examen.

« Nous avons vu qu'entre les artères et les veines s'interpose un tissu spongieux et perméable. D'une autre part, la circulation générale ne peut rendre compte des inégalités qui s'observent dans l'afflux du sang vers quelques points. Il existe donc, outre la circulation par les vaisseaux, un transport du sang au travers du tissu intermédiaire ; la marche du fluide dans ce milieu, d'une texture particulière, ne se fait pas conformément aux seules contractions du cœur.

« Pour que le sang soit transmis des artères aux veines, il faut que la substance poreuse qu'il est obligé de traverser oppose une certaine résistance; autrement elle deviendrait le siège d'une congestion permanente, l'impulsion systolique n'aurait plus la force de pousser le liquide jusqu'aux orifices veineux.

« La résistance qui convertit, pour ainsi dire, en canaux provisoires les mailles du tissu intermédiaire est produite par la tension de ses fibres ou par ce que Stahl appelle leur tonicité (*tonus*). Cette tension n'est pas toujours égale, car alors la circulation se continuerait sans être en rien modifiée. Elle est soumise, même dans la santé, à des variations légères, mais continuelles, que Stahl a désignées sous le nom de *motus tonicus* ou *motus tonica-vitalis*. Ainsi, durant le sommeil, la tonicité générale diminue, parce qu'aucun effort de la volonté n'est là pour la soutenir. Sans que le pouls s'accélère, la peau est moite, plus chaude et plus rouge ; les vaisseaux superficiels sont plus apparents, les paupières sont bouffies, et les vêtements que nous portons sans gêne pendant la veille exercent une constriction désagréable ou douloureuse. Il résulte alors du manque de tonicité un affaiblissement auquel, lorsqu'il est extrême, nous opposons, en nous réveillant, des mouvements volontaires actifs, des pendiculations répétées.

« Les alternatives de contraction et de relâchement déterminent des modifications faciles à pressentir, dans la marche et la distribution du sang. Leur influence est d'autant plus sensible que les variations sont elles-mêmes plus prononcées : lorsqu'elles s'exagèrent et dépassent leurs limites physiologiques, il se produit des troubles de diverse nature.

« D'abord le sang, repoussé d'une partie par l'excès de la tonicité, se fraye une autre route et se porte surabondamment vers les organes qui peuvent les recevoir, jusqu'à ce qu'il lui soit permis de reprendre son cours naturel. Cette espèce de va et vient provoqué, par les vicissitudes du mouvement tonique, contrarie l'impulsion régulière du cœur : il produit dans l'économie un flux et un reflux que Stahl, par une métaphore pittoresque, compare à celui des flots de la mer.

« La progression du sang dépend, en effet, avant tout, de la capacité des voies qui lui sont ouvertes. En modifiant leur contenance, la constriction tonique modifie partiellement la vitesse et la quantité du liquide. Des faits incontestables font mieux comprendre cette loi, en même temps qu'ils la démontrent. Lorsque des individus atteints d'une épistaxis sont saisis par une brusque aspersion d'eau froide, le ton des organes périphériques, subitement augmenté, chasse le sang et le refoule vers les organes intérieurs. L'hémorrhagie s'arrête, et le patient éprouve souvent l'oppression légère qui succède à un déplacement si rapide de la masse sanguine. Les terreurs soudaines produisent un effet analogue.

« Dans d'autres cas, le sang ainsi repoussé se porte de préférence vers les appareils sécréteurs, où l'hyperhémie engendre des phénomènes d'une autre nature, mais d'une pareille évidence. Ainsi l'impression soudaine du froid, même sur une petite étendue, aux pieds par exemple, provoque la diarrhée, surtout si les sujets sont disposés au relâchement atonique des parties atteintes et les ont facilement perspirables.

« La texture des organes intérieurs plus mous, et par conséquent moins faciles à contracter, explique d'ailleurs pourquoi ces métastases sanguines s'y portent de préférence. Cependant l'inverse peut avoir lieu. Le flux et le reflux peuvent ne pas dépasser les appareils intérieurs, ou même l'échange se fait des organes internes à la superficie du corps. Qu'on se rappelle seulement les sueurs et les bouffées de chaleur qui accompagnent les vomissements pénibles.

« Lorsque le mouvement tonique s'affaiblit primitivement ou à la suite de quelques désordres, et qu'une congestion se manifeste dans les points où le sang a trouvé un accès plus facile, d'autres parties du corps en reçoivent une moindre quantité. L'emploi des sinapismes n'a pas d'autre raison, et la nature produit souvent ce que l'art n'a fait qu'imiter. Pour citer un exemple : dans les dysentéries cholériques, la sécrétion de l'urine est parfois si diminuée qu'elle se supprime durant des journées entières. Or, l'excès de la sécrétion intestinale n'est-elle pas le résultat d'un afflux excessif du sang vers les organes sécréteurs de l'intestin ?

« Les altérations maladives du mouvement tonique n'ont pas seulement pour effet de changer la proportion du sang et d'empêcher son égale diffusion, elles entraînent encore des altérations consécutives dans la composition même de ce fluide. Retardé dans sa marche par les obstacles qu'elle rencontre, il perd de ses qualités et ne se trouve plus dans ses conditions normales, lorsque l'ordre s'est rétabli. Alors même que la tonicité a repris sa forme naturelle, la circulation reste entravée ou languissante, et des affections chroniques succèdent à la première maladie.

« Le mouvement tonique est sujet à des troubles qui diffèrent de nature, d'intensité et de résultats. Ses variations indécises et peu tranchées ou turbulentes et énergiques n'occasionnent pas les mêmes phénomènes. On en trouverait la preuve dans les spasmes qui ne sont eux-mêmes que des exagérations du mouvement tonico-vital. Ainsi les affections spasmodiques, si fréquemment suivies de congestions locales, ont, suivant leur degré, des lieux d'élection vers lesquels le *raptus* sanguin semble se porter de préférence.

« Aux accidents convulsifs rapides et violents succèdent des troubles qu'on pourrait nommer artériels : palpitations de cœur, battements dans la tête, oppressions vives, etc. Au contraire, les spasmes irréguliers, indéfinis, sans manifestations énergiques, allanguissent et dérangent la circulation veineuse : de là des coliques sourdes, des congestions passives, des désordres organiques lents à s'établir. »

Sans doute, il était loin de la pensée de M. Lasègue de vouloir diminuer le mérite et la portée des travaux qui venaient d'illustrer la science française, mais il avait jugé utile d'indiquer comment les médecins réformateurs de la fin du dix-septième siècle, en attribuant au mouvement de tout ordre une part prédominante dans l'entretien de la vie, avaient préparé la route aux idées modernes ; puis il avait dû se complaire à montrer par un exemple saisissant la valeur de la théorie et de l'induction dans la science des êtres vivants, tout en affirmant, d'autre part, que l'observation stricte, rigoureuse, infatigable, a sa place gardée, que les faits nous sont donnés comme une manifestation que nul n'a le droit de nier ou d'omettre, que l'observation seule peut nous enseigner sinon ce qu'est la vie, au moins de quelle manière elle s'accomplit. Et quand il s'est engagé un instant dans quelque excursion métaphysique, il ajoute aussitôt : « Je puis dire avec Stahl, dans son énergie qu'il emprunte à notre langue : *non laboro pruritu abstractos conceptus urgendi*, je n'ai pas la démangeaison des conceptions abstraites. »

Sa prédilection pour Stahl éclate à chaque page, et dans plus d'un endroit on dirait vraiment qu'il se dépeint lui-même.

C'était en effet un médecin « qui n'a pas voulu que la curiosité scientifique lui fît outrepasser son but, en le lançant dans des problèmes que les métaphysiciens seuls sont appelés à discuter, sinon à résoudre... Il voulait d'abord que le médecin, laissant de côté les notions accessoires, où l'esprit se disperse, tournât son activité pleine vers les connaissances médicales. » Sans doute il avait fait une très large part à la théorie, mais à la théorie comme M. Lasègue la conçoit et la définit. « La théorie, dit-il, c'est-à-dire l'unité, rassemble à son foyer les rayons épars ; mais à la façon de la lumière, elle doit éclairer la réalité et ne dissiper que les ombres. »

Il aime à rappeler que Stahl considère la médecine comme

une science indépendante, capable de se suffire à elle-même, et la maladie comme une modification provisoire, qui a sa raison dans ses antécédents et qui sert d'explication à ses conséquences. Tandis que pour Stoll, qui fut un si grand observateur, il n'y a de maladie que depuis l'entrée à l'hôpital jusqu'au jour de la sortie, de telle sorte qu'en deçà comme en delà, le malade ne le concerne plus, de telle sorte aussi que les affections chroniques sont rares dans ses livres et médiocrement traitées par ses élèves, pour Stahl « l'homme tout entier, moral et physique, à toutes les périodes de son développement, dans toutes les diversités de son tempérament et de son caractère, est du domaine de la science médicale ». On comprendra aisément maintenant l'entraînement de M. Lasègue pour un maître qui, en dépit de ses erreurs et de ses exagérations, élargissait le domaine de la médecine au point d'y faire rentrer, déjà à son époque, la médecine mentale, et on pourrait presque dire la psychologie elle-même. Ce n'est pas tout; d'autres raisons expliquent encore cet entraînement. « Stahl, en insistant de préférence sur le début et le développement des maladies, devançait encore les naturalistes modernes par lesquels l'embryogénie est devenue le fondement des sciences naturelles. La génération des lésions lui semblait plus importante à étudier que les lésions elles-mêmes, parce qu'elle les expliquait au lieu de les constater, et surtout conduisait à les prévenir. » Puis la thérapeutique du professeur de Halle était d'une merveilleuse simplicité. « On ne peut se défendre d'une sorte d'étonnement quand on compare sa matière médicale à celle de ses devanciers et de ses contemporains. A ces formules, où tant de remèdes étaient entassés avec plus de luxe que de mesure, il substitua des médicaments peu nombreux et d'une vertu éprouvée. Sa haine pour la polypharmacie n'a d'égale que celle qu'il témoigne contre les qualités occultes. Il poursuit partout et sous toutes les formes la panoplie médicale, tantôt en la prenant au sérieux, tantôt en l'accablant sous d'acerbes railleries. Ce malade fut soumis, dit-il, à un traitement de 100 florins. Il y a des guérisons qui ruinent des familles. Les pauvres qui échappaient forcément à ces médications onéreuses ne guérissaient ni plus ni moins vite ; on pouvait donc s'en passer, même avec les riches. Il est curieux de suivre dans les écrits de son collègue, Fréd. Hoffmann, l'influence des idées de Stahl qu'il partageait souvent en combattant la théorie. Plus Hoffmann approche du terme de sa carrière, plus il est réservé sur l'emploi de la matière médicale. » Enfin, l'auteur de la *théoria médica vera*, qui ne fit aucune concession, étant trop convaincu, « appartient à l'école des grands penseurs, qui, selon l'expression de Socrate, font accoucher des idées et ne se contentent pas de transmettre celles qui leur doivent le jour. Sa méthode d'observation médicale est fondée sur des principes vrais : elle ne conduit pas à ne tenir pour légitimes que les faits grossièrement évidents, mais elle ouvre des voies nouvelles, et, dès que le but est entrevu, elle fraye un chemin pour y parvenir. Les doctrines ainsi prises de haut ont cette vertu singulière que l'esprit n'est pas enfermé par elles dans un cercle étroit et infranchissable. Elles donnent à leurs élèves des directions où chaque intelligence marche à son gré, et ne leur imposent pas une lettre morte et des articles de foi... Ce n'est pas que Stahl n'ait sa part d'erreurs, d'exagérations ou d'hypothèses. Si on devait rayer du catalogue des auteurs à méditer ceux qui se trouvent dans le même cas, l'érudition médicale ne serait ni faite ni à faire. »

Je le répète, la personnalité tout entière de M. Lasègue se reflète déjà dans cette œuvre de premier ordre. Parlerai-je du style ? Je me contenterai de dire qu'il me paraît impossible de trouver dans notre littérature médicale quelque chose de plus limpide et de plus brillant.

La même année, et comme pour bien indiquer qu'il n'avait pas le projet de rester dans ces hautes régions de la philosophie médicale, il écrivait dans le *Journal de médecine* une étude pleine du meilleur sens pratique, intitulée : *De l'emploi du sel marin dans quelques affections gastro-intestinales*. Déjà, l'année qui précéda la soutenance de sa thèse, il avait publié dans le même recueil un mémoire sur les *coliques hémorrhoïdales*. Il est même probable que ce fut à ce propos qu'il médita l'étonnante systématisation de Stahl sur les hémorrhoïdes et les troubles de la circulation veineuse abdominale et que le désir lui vint ensuite de pénétrer plus intimement les conceptions jusqu'alors si imparfaitement traduites de l'illustre penseur.

M. Lasègue a consacré un grand nombre de ses mémoires à la médecine mentale, non pas qu'il s'y crût particulièrement autorisé par ses connaissances philosophiques, mais parce que l'affection de Falret l'avait placé de bonne heure sur un champ exceptionnel d'observation. Je n'ai ni le pouvoir ni l'intention d'apprécier M. Lasègue comme aliéniste ; d'ailleurs, sa supériorité sur ce point est hors de toute contestation. Je rappellerai seulement qu'il fut l'un de ces lutteurs ardents et redoutables qui s'efforcèrent d'arracher la médecine mentale à la psychologie, et, si on réunit par la pensée toutes ses recherches sur les délires, l'alcoolisme, l'hystérie, la paralysie générale, l'épilepsie, on restera persuadé qu'il ne fut pas le moindre de ces rénovateurs de l'aliénation et de la neuropathologie. Ce n'est guère qu'à partir de ce siècle qu'on a commencé à appliquer l'observation clinique ordinaire à l'étude de la folie. M. Lasègue a grandement participé à cette œuvre, surtout pour les vésanies à modifications organiques encore inconnues. Il réussit à constituer des types, en dehors de l'appoint anatomo-pathologique, avec les seules données de l'étiologie, de la symptomatologie et de l'évolution, des indications du diagnostic et du pronostic, par autant de véritables et très originales découvertes qui engageaient plus avant la médecine mentale dans sa véritable voie, en attendant qu'elle ait pris définitivement sa place exacte en nosologie. C'est ainsi qu'il créa, entre autres entités morbides, le *délire de persécutions* qui restera classique. Il retraça dans cette monographie l'histoire complète d'une forme d'aliénation confondue jusque-là dans la classe indéfinininiment compréhensive des mélancolies, montrant comment les aliénés persécutés répondent à un petit nombre de types auxquels on peut dès à présent assigner des caractères ; indiquant la marche des conceptions délirantes, les modifications qu'elles subissent et surtout les signes qui permettent de reconnaître la tendance à la chronicité. C'est dans le même esprit qu'il fixa les types de *la mélancolie perplexe*, du *délire par accès*, de *la folie à deux*, du *vertige mental*, etc.

C'est encore suivant la même conception qu'il écrivit sa Thèse d'agrégation sur la paralysie générale. « Aujourd'hui, dit-il, plus que jamais, il est nécessaire de se maintenir dans une sévère et rigoureuse délimitation des symptômes, pour résister à la confusion qui tend à s'introduire. On trouve dans l'histoire de la pathologie moderne un choix de maladies si heureusement observées, si habilement saisies dans leur ensemble du jour où elles ont été découvertes, que c'est un devoir de respecter cette récente tradition. La paralysie générale est de ce nombre. On peut ajouter des détails, mieux discerner les origines, retrouver des symptômes accessoires ; mais il est dangereux de dépenser un excès de sagacité en essayant de tout refondre. »

Ses recherches sur la catalepsie sont les premières qui aient été faites en France et certes ne sont pas indignes de figurer à côté des travaux ultérieurs de l'école de la Salpêtrière sur ce sujet. On trouve dans les mémoires sur *l'ataxie et l'anesthésie hystériques* des remarques très importantes et entièrement neuves sur l'hystérie. L'auteur met en lumière ce fait curieux que l'hystérique n'a pas spontanément conscience de l'insensibilité lors même qu'elle est si complète que toutes les sensations cutanées sont abolies ; il distingue expressément le sens du toucher de la sensibilité diffuse de la peau et insiste sur les causes d'erreurs qui proviennent des éclaircissements que le médecin fournit aux malades, montrant combien les hystériques ainsi renseignées exploitent leur éducation. L'anesthésie hystérique est comparée aux anesthésies qui surviennent sous l'influence des lésions organiques du cerveau et les paralysies, les tremblements, les contractions qui surviennent dans le cours de la maladie sont soumis à une analyse approfondie. M. Lasègue n'hésite pas à conclure en terminant que l'hystérie se rapproche des maladies cérébrales les plus graves et dont elle diffère seulement par le degré.

On remarquera cette comparaison hardie entre l'hystérie et les maladies cérébrales et qui émanait visiblement de cette conviction intime que là où l'anatomie pathologique fait défaut, il y a encore intérêt à y recourir pour ainsi dire indirectement, dans les cas où c'est possible. Ce n'est donc pas de parti pris que dans plusieurs de ses études, il n'a pas dit un mot des altérations matérielles; c'est uniquement parce que celles-ci sont insuffisamment déterminées, qu'il y aurait péril à édifier sur des notions incomplètes et caduques et à laisser chômer l'observation clinique en attendant que quelque lumière surgît des investigations microscopiques si difficiles et si incertaines en pareille matière. Aussi bien la lésion, lorsqu'elle est indiscutable, féconde en éclaircissements et en applications pratiques, doit-elle être acceptée sans réserve, comme un document de premier choix. Il s'exprime ainsi à ce sujet dans sa Thèse sur la paralysie générale dans ces lignes qui montrent bien sa pensée. « Il serait à désirer qu'ont pût, en regard des phénomènes pathologiques, suivre aussi rigoureusement les lésions qui leur correspondent. Bayle a essayé prématurément ce travail ; il a voulu ne rien omettre, ne rien ignorer, et le désir de devancer la science l'a entraîné dans ces hypothèses que l'expérience n'a pas sanctionnées. L'anatomie pathologique rencontre tant de difficultés, que ce n'est pas de longtemps qu'elle aura dit ici son dernier mot. Si, grâce aux savants travaux des Drs Calmeil, Bayle, Parchappe, Foville, nous avons acquis un certain nombre de notions certaines, le mode d'évolution nous échappe le plus souvent. Il est rare que la mort survienne durant les premières périodes, et au lieu de l'observation directe des altérations qui répondent à chaque stade où à chaque symptôme prédominant, nous sommes réduits à des inductions. Dans l'état actuel de nos connaissances, il m'a paru que je devais me borner à enregistrer les altérations anatomiques trouvées chez les sujets atteints de la paralysie générale que j'ai décrite. On verra, en parcourant ce tableau sommaire, que j'ai lieu de croire assez complet, ce qu'il reste d'obscurités, on y verra aussi que les recherches microscopiques n'ont pas été aussi improductives qu'on s'est plu à le dire. »

M. Lasègue n'avait-il pas cherché toute sa vie, au milieu des nombreux épileptiques qu'il a examinés, un criterium anatomique ? Il avait cru le trouver enfin dans des malformations du crâne. Cette pathogénie sera peut-être définitivement acceptée dans l'avenir ; j'y fais allusion surtout pour montrer que rien ne lui était étranger de ce qu'il croyait utile à la recherche de la vérité,

Tous ces travaux de psychiatrie, pleins de visées et de remarques les plus exactes, les plus profondes, étaient les fruits d'études patientes et prolongées ; j'ai déjà rappelé sa coopération à l'œuvre de Falret. J'ajouterai maintenant que pendant de longues années il fut chargé du service du dépôt de la Préfecture : trois fois par semaine il passait plusieurs heures, seul avec les malades dans cette petite cellule où il acquit sa merveilleuse connaissance de l'aliéné, son habileté étonnante à capter sa confiance, à obtenir de lui tout ce qu'il est possible d'en obtenir. C'est là aussi qu'il accumula la plupart des matériaux qui ont servi à la rédaction de ses recherches de médecine mentale et de médecine légale.

Une telle pratique, jointe à son éloquence, à la droiture et à l'énergie de son caractère, avait fait de lui un médecin légiste d'une immense autorité. Ici encore il a lutté sans trêve et souvent avec succès contre la subordination de l'aliénation mentale à la psychologie, et, s'il est presque monnaie courante dans le monde judiciaire que le délit et le crime ne sont parfois que des manifestations de maladies cérébrales, une large part de ce progrès social revient sans doute à l'auteur des Mémoires sur *l'alcoolisme chronique*, *l'alcoolisme subaigu*, sur *la responsabilité des aliénés*, sur *les cérébraux*, sur *le vol aux étalages*, sur *les exhibitionnistes*, etc., etc.

Et cependant M. Lasègue ne fut pas, ne voulut pas être un spécialiste, dans l'acception ordinaire du mot, car il estimait que le spécialiste lui-même, sous peine de déchéance, doit renouveler sans cesse ses forces dans la clinique générale et il aimait à rappeler que Griesinger n'avait accepté la chaire de psychiatrie à l'Université de Berlin qu'à la condition expresse qu'on y annexerait un service de malades ordinaires.

D'ailleurs, en dehors de son grand talent d'aliéniste, il excellait aussi dans l'observation des maladies nerveuses proprement dites. J'ai déjà indiqué sommairement une partie de ce qu'il a écrit sur l'hystérie ; je dois y ajouter les monographies sur *la toux hystérique* et sur *l'anorexie hystérique*, dont la découverte lui appartient en propre. J'y ajouterai maintenant ses recherches sur *la migraine*, *les intermittences cardiaques*, *la tétanie*, etc., etc.; et surtout son mémoire sur *la sciatique* qui est un véritable modèle. La sciatique pour lui se sépare des autres névralgies par des caractères essentiels et n'offre pas chez tous les malades les mêmes symptômes, la même durée, la même résistance au traitement. Il croit donc pouvoir y établir deux variétés. L'une, soudaine dans son invasion, rapide dans sa marche, plus aisément curable et probablement de nature rhumatismale. L'autre, plus conforme dans son évolution à l'hypothèse de Cotugno, indécise à son début, lente dans son progrès, entraînant la flaccidité et l'atrophie musculaires, caractérisée en outre par des symptômes qui lui sont propres et infiniment plus durable et plus rebelle. Il termine par cette remarque qu'on ne saurait trop méditer, que dans l'incertitude thérapeutique où on est ici, la première condition pour juger de l'efficacité relative des remèdes est de distinguer la forme grave de la forme bénigne. En vérité, on dirait voir là comme en germe les beaux travaux publiés plus tard sur les différences entre la névrite et la névralgie et sur la physiologie pathologique des nerfs en général.

Il affectionnait également tous les sujets de la clinique; les plus simples en apparence jusqu'aux plus complexes et depuis sa séméiologie de la langue jusqu'à ses contributions au diabète, à la goutte et à la maladie de Bright, tout est frappé au coin de cette même supériorité faite de concision et de netteté, d'ingéniosité et de bon sens. « Chacun de ces morceaux, dit le professeur Potain, est travaillé à la manière antique, comme taillé dans un bloc, d'un ciseau large et vigoureux, qui n'omet point un détail important, mais élimine, de propos délibéré, toute surcharge futile. »

Il répétait souvent que les médecins lisent peu, n'ont que peu de temps pour lire et que c'est donc un devoir de leur présenter autant que possible les choses en raccourci. Et c'est en deux petites brochures qu'il avait offert aux travailleurs sa technique sur la palpation et la percussion, où son savoir de clinicien se décèle encore sous un autre aspect. Sa dernière publication dédiée aux étudiants contient en huit pages la traduction de la description de l'accès de goutte due au génie de Sydenham. Certes, ce modeste opuscule est loin de la lettre à Wirchow, des notices sur Bretonneau, Trousseau, Morel, Duchenne (de Boulogne), etc., où M. Lasègue témoignait de ce qu'il pouvait comme littérateur, historien et critique; mais je suis bien certain que, dans la pensée de mon maître, le petit opuscule lui-même dut toujours passer avant ces dissertations brillantes, car il ne mesurait la valeur d'un travail qu'à son utilité réelle et pratique.

Son œuvre écrite en pathologie générale se résume en quelques chapitres : *De l'Ecole physiologique allemande; de la théorie cellulaire dans ses rapports avec la pathologie générale; de la logique scientifique et de ses applications médicales; de l'organisme vivant et de ses propriétés*, etc. Sur ce point son succès fut tout dans son enseignement, j'y reviendrai plus tard, et encore s'empressa-t-il d'abandonner sa chaire dès qu'il put se donner tout entier à la clinique. Il sentait qu'à l'époque de transition où il vivait, qu'au milieu des progrès naissants des méthodes nouvelles, des innovations plus ou moins justifiées, lancées à l'assaut des idées classiques, la pathologie générale ne pourrait guère être encore autre chose qu'une gymnastique et une éducation du médecin, qu'elle ne pouvait constituer encore un ensemble de lois positives en dehors duquel son but est faussé et son influence artificielle. M. Lasègue s'avouait que cet ensemble échappait à ses mains et il déplaisait à sa droiture, à sa passion d'être utile de faire de la pathologie générale comme on fait de la philosophie de l'art; il aimait mieux faire lui-même de l'art, pour mieux dire de la médecine, jugeant qu'il y trouverait peut-être moins d'éclat, mais qu'il y rendrait plus de services.

Ses opinions en thérapeutique découlaient, comme toutes les autres, des convictions et des principes qui présidaient à toutes ses pensées et à toutes ses actions. Il déclarait que, quoi qu'on disserte, la thérapeutique ne sera jamais une conclusion forcée de la pathologie, qu'elle ne sera pas davantage une science ou un art isolés, vivant de ces propres ressources. Pour lui, la décision du thérapeute a plus d'analogie avec les résolutions sentimentales qu'avec les déductions syllogistiques ; elle a à tenir compte du *substratum* dans des proportions dont la pathologie cherche à se dégager avec raison pour mettre en relief les faits saillants et décisifs. On a dit justement, rappelait-il souvent, qu'on ne traitait pas, à l'aide des médicaments, des pneumonies, mais des pneumoniques, et, à son sens, cette seule expression aphoristique jugeait la question.

Il a dit quelque part que la thérapeutique est le couronnement de l'édifice, et, rendant compte de la préface qu'un de ses collègues avait écrite pour le Traité de Nothnagel et Rosbach, il décernait les plus vifs éloges à l'introduction qui se termine, d'après ses propres expressions, « par un court paragraphe gros de vérité et plein de cœur, ce qui ne gâte rien. » Or, voici quel est ce paragraphe : « Par le diagnostic, vous pouvez gagner l'estime de vos confrères ; par le pronostic, vous pouvez conquérir la confiance des malades et parfois l'admiration du public ; par la thérapeutique, vous arriverez à la satisfaction intérieure qui est souvent l'unique rémunérateur d'un rude labeur, qui reste toujours la meilleure récompense d'une vie de sacrifices. Tout médecin peut contrôler votre diagnostic ; tout le monde peut juger votre pronostic ; seuls vous saurez parfois quelle part vous revient dans la guérison où dans la mort ; nul ne sera dans la confidence de vos remords où de votre légitime orgueil. »

On comprendra donc qu'il ait relativement beaucoup écrit sur la thérapeutique, et je rappellerai ici ses mémoires sur le *traitement du rhumatisme noueux par l'iode;* sur *l'action thérapeutique du brome et de ses composés*, sur *la médication hypodermique*, sur *la gymnastique médicale*, sur *l'hydrothérapie*, sur *les bains chauds*, sur *le traitement du diabète*, etc.

Dans l'application, bien que dans les dédicaces de sa thèse inaugurale il ait rendu hommage à « la pratique heureuse et hardie » de Trousseau, il était réservé, sinon sceptique ; il n'était point partisan de l'adage : « melius anceps quam nullum « remedium. » A ses yeux, l'intérêt du malade le voulait ainsi, et, d'autre part, il estimait que là encore, le seul médecin perfectible est celui qui n'hésite pas à s'avouer ignorant.

Cette analyse sèche et incomplète est impuissante à donner une représentation exacte d'une œuvre aussi variée et aussi originale. D'ailleurs, l'œuvre tout entière n'est pas là sous mes yeux ; elle n'est pas dans cette longue liste de mémoires qui termine cette notice. Que d'idées, d'observations nouvelles, que de faits inédits M. Lasègue n'a-t-il pas abandonnés au vent des conversations, des communications aux sociétés savantes ou des leçons publiques. Il pensait que ces semences, si elles étaient bonnes, sauraient bien germer et se développer ailleurs, toujours utiles où qu'elles éclosent : c'était là du moins son plus vif désir.

Sans doute cet immense talent eut ses lacunes : le génie seul n'en a pas, comme aussi il résiste seul à l'usure et à la décadence dans le mouvement incessant du progrès. Mais quelques morceaux de l'œuvre de mon maître résisteront sans aucun doute au temps et à l'oubli, et, n'y en eût-il qu'un, il suffira à rappeler aux générations qui viendront, quelle intelligence et le médecin hors ligne que fut M. Lasègue.

La vie professorale de M. Lasègue présenta comme deux incarnations successives et complètement distinctes.

En 1862, 1865 et 1866, il avait été chargé du cours complémentaire sur les maladies mentales et du système nerveux. En 1858 et 1860, il avait suppléé Andral dans la chaire de pathologie générale.

Il est superflu de rappeler l'immense succès de son enseignement dans le grand amphithéâtre, sa parole châtiée, élégante, toujours limpide, les aperçus originaux, les traits inattendus, les images animées qui élucidaient et imprimaient dans le souvenir les détails les plus délicats et les plus ardus. Les médecins et les étudiants se pressaient à son cours et lui faisaient ovation. Aussi la Faculté n'hésita-t-elle pas à l'appeler à la succession d'Andral.

Mais M. Lasègue aspirait à d'autres succès, plus humbles pour lui, plus profitables pour les autres, et dès qu'il le put, je l'ai dit déjà, il permuta pour une chaire de clinique. Il pensait que le devoir du professeur n'est pas tant d'agir sur l'esprit des élèves par quelques coups d'éclat que par une action plus lente et plus continue, et, que ce n'est pas le nombre ou le choix des choses qu'on enseigne qui prévaut, mais bien le procédé suivant lequel on les enseigne. Il préférait, et en cela il était resté fidèle aux errements universitaires, il préférait, par une gymnastique méthodique, le développement régulier, intégral de l'intelligence aux acquisitions rapides et purement professionnelles du *realschulisme ;* car ce qu'il y a de plus précieux et de plus profitable, c'est d'apprendre à apprendre. Aussi, quand il parlait devant ses élèves, on peut dire qu'il s'efforçait avant tout de penser tout haut, leur décelant par quel travail intime, par quelle filiation, par quel enchaînement des idées, après quels détours il arrivait jusqu'à la solution du problème, ou bien établissait que le problème était insoluble ; le professeur, comme l'écrivain, jugeait pernicieux de voiler les difficultés, de ne s'arrêter qu'aux notions finies, déterminées et parfaitement explicables, de ne pas établir avec autant de soins et de scrupules l'inventaire de l'inconnu. Et c'était surtout pour ne pas rebuter les esprits, devant cette peinture sincère, cet exposé sans fard des difficultés de la clinique, qu'il mettait en œuvre toutes les ressources, toutes les séductions de cette virtuosité incomparable, de sa verve véritablement étincelante de lumière et d'originalité.

Il professait autant par l'action que par la parole. Il arrivait le premier dans le service, comme il en partait le dernier, allant droit au malade dont il gagnait infailliblement la confiance et la sympathie, et qu'il examinait avec une patience inaltérable, avec je ne sais quel délicat maniement d'artiste impossible à décrire. Il ne s'attachait pas de préférence aux grands malades, aux affections rares, exceptionnelles, apportant la même curiosité, la même mise en œuvre adroite et méticuleuse de tous les moyens d'investigation, auprès du cas en apparence le plus banal. Une angine simple, un embarras gastrique, lui étaient matière à improvisations entraînantes, à ces causeries, où il se laissait aller, adossé à l'une des colonnes de la salle, et où il aimait au besoin à souligner sa pensée, à soutenir l'attention de son auditoire par la familiarité et le paradoxe. Il tenait à enseigner qu'en pratique rien ne doit être indifférent, que tout y est sujet d'études et d'applications utiles, qu'il y a toujours intérêt et profit à *flâner*, comme il disait souvent, autour du malade.

S'il s'abstenait de parler d'autre chose que de médecine proprement dite, s'il faisait une mince part aux théories et aux déductions scientifiques, il est juste d'ajouter de suite qu'il n'avait pas hésité un seul instant à accepter autour de lui, dès qu'il le put, des aides compétents en anatomie pathologique, en chimie biologique, etc., qu'il appelait ses collaborateurs ; il les traitait comme tels, et avec une libéralité qui fut égalée sans doute, mais non dépassée par ceux de ses collègues qui, comme lui, ont eu à présider à l'évolution subie ces dernières années par l'enseignement de la clinique. S'il ne voulait pas souscrire à toutes les innovations et accepter leur ingérance outrée, s'il ne parlait pas volontiers de choses qu'il n'avait pas contrôlées lui-même, il donnait avec plaisir l'hospitalité dans son amphithéâtre, à tous ceux qui pouvaient enseigner quelque chose d'utile, de quelque côté qu'ils vinssent. Comme il veillait à ce que ses élèves fussent régulièrement exercés à l'analyse méthodique des urines, à l'examen du sang, à la préparation et à l'administration des médicaments et suivissent chaque jour les démonstrations anatomiques qui terminaient la visite! Il ne négligeait rien pour leur instruction professionnelle et il les conduisait lui-même, chaque fois qu'il le jugeait nécessaire, dans les asiles d'aliénés, dans les établissements de gymnastique ou d'hydrothérapie, etc., partout où il pensait que l'étudiant aurait chance de recueillir *de visu* quelques notions profitables.

M. Lasègue était encore soutenu dans ce zèle et ce dévouement infatigables par son attachement profond pour la Faculté qui l'avait appelé à elle et où il voyait une des plus hautes manifestations de cette Université, la première, à ses yeux, des Institutions de la France. On sait qu'il n'était pas avide de distinctions et qu'il brigua tardivement l'honneur de siéger à l'Académie; mais il était plus heureux encore que fier de son titre et de ses fonctions de professeur. Tous ceux qui ont vécu dans sont intimité savent quelle part la Faculté avait prise dans sa vie, combien il était jaloux de sa dignité et de sa prééminence, et quel désir l'animait de la servir de son mieux, de toutes ses forces.

Depuis assez longtemps il se sentait faiblir et s'était rendu compte du mal qui le minait. Aussi se disposait-il à prendre sa retraite, craignant de ne plus remplir aussi parfaitement son devoir, lorsque s'ouvrit le concours d'Agrégation en médecine. Il en accepta avec joie la présidence qu'il considéra comme le couronnement de sa vie universitaire et qu'il ne voulut pas résigner devant les progrès rapides de la maladie. Il pensa sans doute que la destinée lui offrait une occasion plus noble et plus douce de rester debout jusqu'au dernier moment, car je suis sûr que lui aussi aurait pu écrire les lignes suivantes :

« Et maintenant je ne demande plus au bon génie, qui m'a tant de fois guidé, conseillé, consolé, qu'une mort douce et subite, pour l'heure qui m'est fixée, proche ou lointaine.

« Les stoïciens soutenaient qu'on a pu mener la vie bien heureuse dans le ventre du taureau de Phalaris. C'est trop dire. La douleur abaisse, humilie, porte à blasphémer. La seule mort acceptable est la mort noble, qui est non un accident pathologique, mais une fin voulue et précieuse devant l'Eternel. La mort sur le champ de bataille est la plus belle de toutes ; il y en a d'autres illustres... La volonté de Dieu soit faite ! Désormais je n'apprendrais plus grand chose ; je vois bien à peu près ce que l'esprit humain, au moment de son développement, peut apercevoir de la vérité.

« Je serais désolé de traverser une de ces périodes d'affaiblissement, où l'homme qui a eu de la force et de la vertu n'est plus que l'ombre et la ruine de lui-même, et souvent, à la grande joie des sots, s'occupe à détruire la vie qu'il avait laborieusement édifiée. Une telle existence est le pire don que les dieux puissent faire à l'homme. » (RENAN. *Souvenirs d'enfance et de jeunesse.*)

Pendant ces jours où il dompta l'agonie et où son esprit ne perdit rien de sa vaillance, comme son cœur rien de sa bonté, il n'eut qu'un instant de désespoir apparent. Ce fut le soir même où l'on proclama la liste des candidats nommés. Ses collègues remerciaient leur président et ils lui souhaitaient un prompt retour à la santé ; à la pensée qu'il ne reverrait plus cette Faculté qui se montrait à lui pour la dernière fois dans une de ses solennités, son courage stoïque l'abandonna et il eut peine à retenir ses larmes. Et quand il rentra dans son autre famille, pour la première fois, d'ailleurs cette fois seulement, il ne put cacher sa douleur. Néanmoins, le lendemain il voulut encore recevoir les uns après les autres les candidats nommés, leur faisant part dans une longue séance des remarques qu'il avait faites à leur propos pendant le concours et leur donnant ses conseils pour l'avenir. Je ne sais par quel prodige de volonté, il s'était transfiguré pour ainsi dire et avait retrouvé sa physionomie, sa voix, son esprit des meilleurs jours. Quand je le quittai, je me remis à lutter contre l'évidence et à espérer encore. Quelques semaines après M. Lasègue n'était plus.

En terminant cette notice, je sens plus vivement que jamais mon insuffisance à retracer dignement cette grande et brillante physionomie, et, je ne m'excuse d'avoir tenté cette œuvre, qu'en songeant que si je n'ai pas réussi, ce n'est point que j'aie manqué d'admiration profonde ni de sincère émotion.

LISTE DES TRAVAUX DU PROFESSEUR LASÈGUE.

De Stahl et de sa doctrine médicale. (Dissertation inaugurale, février 1846.)

Des coliques hémorrhoïdales. (Journal de médecine, 1845.)

De l'emploi du sel marin dans quelques affections gastro-intestinales. (Journal de médecine, 1846.)

Etudes historiques sur l'aliénation mentale. (Annales médico-psychologiques, de janvier 1844 à juillet 1845.)

Questions de médecine mentale ; du traitement moral. (Annales médico-psychologiques, de mai 1846 à mai 1847.)

De quelques établissements d'aliénés dans la Russie occidentale. (Annales médico-psychologiques, juillet 1848.)

De la marche du choléra dans la Russie méridionale. (Archives générales de médecine, septembre 1848.)

De la craniomalacie des enfants. (Archives, février 1850.)

Sur la nature et le traitement des intoxications alcooliques aiguës. (Archives, juillet 1850.)

De l'anatomie pathologique du crétinisme. (Archives, août 1851.)

Du délire de persécutions. (Archives, février 1852.)

Sur une forme d'atrophie partielle, trophonévrose de Romberg. (Archives, mai 1852.)

Des accidents cérébraux qui surviennent dans le cours de la maladie de Bright. (Archives, octobre 1852.)

De l'alcoolisme chronique. (Archives, janvier 1853.)

Recherches sur la maladie de Brigt. (Archives, novembre 1853.)

De la paralysie générale progressive. Paris, Labé, 1853. (Thèse d'agrégation.)

De la toux hystérique. (Archives, mai 1854.)

De l'anesthésie et de l'ataxie hystériques. (Archives, avril 1854.)

Des catalepsies partielles et passagères. (Archives, avril 1855.)

De la gymnastique médicale. (Archives, mai 1855.)

Le typhus en Silésie. (Archives, juillet 1856.)

Recherches récentes sur le tænia. (Archives, septembre 1855.)

Les maladies des capsules surrénales. (Archives, mars 1856.)

Du rhumatisme noueux et de son traitement par l'iode. (Archives, septembre, 1856.)

Du rationalisme en thérapeutique. (Archives, décembre 1856.)

Matériaux pour servir à l'histoire de l'ergotisme convulsif épidémique. (Archives, 1857.)

Des gangrènes curables du poumon. (Archives, juillet 1857.)

Étude nosologique sur le typhus et la fièvre typhoïde. (Archives, mars et avril 1857.)

De l'école physiologique allemande. (Archives, novembre 1858.)

De la thrombose et de l'embolie. (Archives, octobre 1857.)

De la contagion de la syphilis secondaire. (Archives, mai 1858.)

Richard Bright, sa vie et ses œuvres. (Archives, mars 1859.)

De la théorie cellulaire dans ses rapports avec la pathologie générale. (Archives, mai 1859.)

Lettre au professeur Virchow. (Archives, mai 1860.)

Le vitalisme en Amérique. (Archives, novembre 1860.)

R. Graves. (Archives, avril 1862.)

S. Bretonneau. (Archives, novembre 1862.)

Du sclérème des adultes. (Archives, décembre 1861.)

De l'état actuel de la science sur la trichinose de l'homme. (Archives, décembre 1862.)

De la maladie des trichines. (Archives, avril 1864.)

Etude sur la responsabilité légale des aliénés. (Archives, juin 1864.

Considérations sur la sciatique. (Archives, novembre 1865.)

De la médication hypodermique. (Archives, janvier 1866.)

De quelques ouvrages récents sur la dyspepsie. (Archives, juin 1866).

De la polyurie (diabetes insipidus). (Archives, juillet 1866.)

De l'état de l'hydrothérapie en France. (Archives, octobre 1866.)

L'école de Halle. (Conférences historiques faites pendant l'année 1865 à la Faculté de médecine de Paris.)

Sur un cas de péritonite chronique. (Archives, avril 1867.)

Notice biographique sur le Dr Follin. (Archives, juin 1867.)

Théories récentes sur la goutte. (Archives, juillet 1867.)

De la logique scientifique et de ses applications médicales. (Archives, juin 1868.)

De l'organisme vivant et de ses propriétés. (Archives, mai 1869.)

De l'alcoolisme subaigu. (Archives, novembre et décembre 1868, et juillet, 1869.)

Traité des angines. (1868.)

Eloge de Trousseau. (1869.) Séance de la Faculté.

De la fécondité dans ses rapports avec la prostitution. (Archives, novembre 1869.)

Des ferments et des fermentations morbides. (Archives, mars 1870.)

Des coliques hépatiques. (Archives, octobre 1870.)

L'épidémie de scorbut dans les prisons de la Seine et à l'hôpital de la Pitié. (Archives, 1871.) *En collaboration avec M. Legroux.*

Du traitement des maladies par l'eau froide. (Archives, mai 1872.)

Le Dr Louis et l'école médicale d'observation. (Archives, octobre 1872.)

Des intermittences cardiaques. (Archives, novembre 1872.)

De l'anorexie hystérique. (Archives, avril 1873.)

Morel, sa vie médicale et ses œuvres. (Archives, mai 1873.)

De la migraine. (Archives, novembre 1873.)

La guerre de sécession aux Etats-Unis au point de vue médical et chirurgical. (Archives, janvier 1874.) *En collaboration avec M. le professeur Duplay.*

Des bains chauds. (Archives, novembre 1874.)

Du délire par accès avec impulsion homicide (affaire Thouviot .

(Archives, janvier 1875.) *En collaboration avec MM. Blanche et G. Bergeron.*

Symptomatologie et traitement du diabète. (Archives, novembre 1875.)

Etude sur la vie et les œuvres de Duchenne (de Boulogne). (Archives décembre 1875.) *En collaboration avec M. Straus.*

Quelques points de l'histoire des hémiplégies. (Archives, mars 1876.)

L'enseignement médical en France et à l'étranger. (Archives, novembre 1876.)

La thérapeutique jugée par les chiffres. (Archives, janvier-février 1 7.) *En collaboration avec M. Regnauld.*

Etude rétrospective sur la maladie de Werloff. (Archives, mai 1877.)

De l'épilepsie par malformation du crâne. (Archives, juillet 1877.)

La folie à deux. (Archives, septembre 1877.) *En collaboration avec M. Falret.*

L'asile de Tain. (Archives, décembre 1877.)

Les exhibitionnistes. (Union médicale, 1877.)

Du vertige mental. (Académie de médecine, 1878.)

Des délires par accès au point de vue medico-légal. (Affaire Chabot.) (Archives, janvier 1878.)

L'hystérie périphérique. (Archives, juin 1878.)

La bronchite albuminurique. (Archives, janvier, avril, juin 1879.)

Les troubles visuels de l'alcoolisme. (Archives, septembre 1879.)

Le vol aux étalages. (Archives, février 1880.)

Les cérébraux. (Archives, avril 1880.)

La pathogénie de l'épilepsie. (Archives, juillet 1880.)

La mélancolie perplexe. (Archives, novembre 1880.)

Le délire alcoolique n'est pas un délire mais un rêve. (Archives, novembre 1881.)

Le chloroforme et son emploi thérapeutique en dehors de l'inhalation. (Archives, février 1882.) *En collaboration avec M. Regnauld.*

Note sur la séméiotique de la langue. (Archives, mai 1882.)

Dipsomanie et alcoolisme. (Archives, septembre 1882.)

Institutions médicales. (Archives, janvier 1883.)

Du Braidisme. (Revue des deux mondes, 1881.)

Technique de l'auscultation (1880.)

Technique de la palpation et de la percussion. *En collaboration avec M. le Dr Grancher.* (1880.)

Traduction du traité de la goutte de Sydenham. (1882, Asselin.)

Publications en collaboration avec M. le professeur Trousseau.

Etudes thérapeutiques sur les eaux minérales des bords de Rhin. (In-18, 1847.)

De la syphilis constitutionnelle des enfants du premier âge. (Archives, octobre 1847.)

Etude sur le rachitisme des enfants du premier âge. (Archives, mai 1849.)

Les maladies éruptives sans éruption. (Union médicale, mai 1849.)

Notes sur la gangrène pulmonaire des enfants à la mamelle. (Union médicale, mars et avril 1849.)

De la diphthérie. (Union médicale, mai 1849.)

Traitement de la danse de Saint-Guy. (Union médicale, juin 1849.)

Rachitisme et ostéomalacie comparés. (Union médicale, 27 juin, 4 juillet, 20 juillet, 30 juillet 1850.)

Du rhumatisme aigu qui se termine par suppuration. (Union médicale, août 1850.)

Diagnostic différentiel de la varicelle. (Union médicale, septembre 1850.)

De quelques signes stéthoscopiques dans leurs rapports avec la pneumonie des nouveau-nés. (Archives, octobre 1850.)

Du nasonnement et de la paralysie du voile du palais. (Union médicale, octobre 1851.)

De l'emploi des instruments de précision en médecine : spirométrie et thermométrie (1856.)

Du quinquina ; matière médicale et pharmacologie. (1856.)

De l'état actuel des esprits relativement à la vaccine. (1858.)

Recherches nouvelles sur le croup. (1858.)

Recherches nouvelles sur les hydatides de l'homme. (1860.)

Des névroses syphilitiques. (1861.)

Paris. — A. Parent, imp. de la Fac. de médec., A. Davy, successeur, 52, rue Madame et rue M.-le-Prince, 14.

www.ingramcontent.com/pod-product-compliance
Ingram Content Group UK Ltd.
Pitfield, Milton Keynes, MK11 3LW, UK
UKHW022153190726
13855UKWH00004B/1452